DISCOURS

PRONONCÉ LE 9 DÉCEMBRE 1893

A LA SÉANCE SOLENNELLE DE RENTRÉE

DE LA

CONFÉRENCE DES AVOCATS DE MARSEILLE

Par Me Louis AMBARD

BATONNIER DE L'ORDRE

Imprimé en vertu d'une délibération du Conseil de l'Ordre
en date du 22 Décembre 1893

MARSEILLE

TYPOGRAPHIE ET LITHOGRAPHIE BARLATIER ET BARTHELET

Rue Venture, 19

1894

DISCOURS

PRONONCÉ LE 9 DÉCEMBRE 1893

A LA SÉANCE SOLENNELLE DE RENTRÉE

DE LA

CONFÉRENCE DES AVOCATS DE MARSEILLE

Par Me Louis AMBARD

BATONNIER DE L'ORDRE

Imprimé en vertu d'une délibération du Conseil de l'Ordre
en date du 22 Décembre 1893

MARSEILLE

TYPOGRAPHIE ET LITHOGRAPHIE BARLATIER ET BARTHELET
Rue Venture, 19

—

1894

Mes Chers Confrères,

Appelé, pour la seconde fois, à l'honneur du Bâtonnat et à celui de présider la séance de rentrée de la conférence, je dois tout d'abord exprimer ma reconnaissance aux confrères qui m'ont permis, grâce à leurs suffrages, de consacrer encore une année aux devoirs que la charge de bâtonnier impose.

Cet honneur n'a de prix, qu'à la condition de comprendre, tout ce qu'il y a de satisfaction, à se dévouer pour le bien de tous, à soutenir cet esprit de solidarité qui doit régner parmi nous, à développer ce sentiment de respect et d'amour de nos glorieuses traditions qui font la force de notre institution.

Un des premiers soins du bâtonnier, doit être de faciliter, aux avocats stagiaires, les débuts dans la profession qu'ils ont choisie, de leur donner tous les conseils que sa vieille expérience peut lui inspirer, pour les aider à réussir.

Donner des conseils, n'est pas une tâche facile.

En jetant un regard vers le passé, il me semble entendre nos anciens bâtonniers vous traçant, d'une voix éloquente, les devoirs que vous devez remplir, les règles que vous devez suivre ; ils ont épuisé tous les sujets qui pouvaient offrir un intérêt et un aliment à votre examen ; ils ont ouvert, devant vous, tous les horizons qui pouvaient vous attirer. Ils ont tout dit. Que pourrais-je ajouter ? Rien ! si le sentiment de la responsabilité de la charge qui m'a été confiée ne m'avait forcé à me recueillir et à parler encore.

On l'a dit bien souvent, et avec raison, la profession d'avocat ne ressemble à aucune autre. Chez nous, ce n'est pas l'esprit d'intérêt et de calcul qui conduit à la réputation ; c'est par le cœur qu'on s'élève et qu'on se distingue, c'est lui qui inspire les grandes pensées et les grandes vertus, telles que le désinté-ressement, le dévouement et la charité.

L'ambition d'arriver est une noble passion que vous devez tous avoir. Pourvu qu'elle soit servie par la pensée du bien, par l'amour de la justice, elle vous conduira sûrement à la gloire que vous rêvez.

Pour réussir, il ne suffit pas d'avoir du talent et des vertus ; il faut être animé de ce feu sacré qui s'appelle l'amour du travail.

Au premier jour de la vie, ce qui nous apparaît tout d'abord, c'est cette nécessité de lutter qui nous poursuivra, comme une fatalité inexorable, jusqu'au dernier jour de notre existence, c'est un sentiment de souffrance qui marquera tous nos pas dans cette voie qui s'ouvre devant nous, pour nous apprendre que le succès n'est acquis que par la peine.

Les philosophes et les historiens que nous avons étudiés dans notre jeune âge, nous ont prémuni de bonne heure contre ces grandes épreuves.

Rappelez-vous ce que Pline disait à ses contemporains :

« Hominem tantum nudum et in nuda humo,
« natali die adjicit ad vagitus statim et plora-
« tum, nullumque tot animalium aliud ad
« lacrymas et has protinus vitœ principio... »

Le philosophe Romain, en étudiant le problème de l'existence, avait raison de dire que l'homme n'est pas né pour les illusions, il est né pour les occupations viriles, pour vaincre les misères de la vie.

Quand la nature l'a jeté nu, sur la terre nue, elle a voulu que son premier cri fût un cri de douleur, qu'il sût qu'il ne grandira qu'au prix des plus rudes labeurs, et qu'il ne pourra commander aux autres créatures qu'en s'inspirant d'une énergie et d'une opiniâtreté indomptables.

En effet, les épreuves de la vie commencent le jour où l'homme sent naître des besoins.

Dès l'instant où l'avocat met le pied sur le seuil de cette voie, où de généreuses espérances peuvent l'attirer, il faut qu'il ait le sentiment du danger et qu'il s'arme de volonté et de courage pour lutter.

Ce sont ces pensées qui nous inspirent, quand nous faisons tant d'efforts, pour vous convaincre de l'utilité de ces exercices et de ces travaux fortifiants du stage.

Si un doute avait pu rester dans mon esprit, il se serait effacé en assistant pendant une année à vos débats. J'ai suivi avec un intérêt, que chaque jour a rendu plus vif, ces discussions auxquelles vous vous livriez. J'ai applaudi aux efforts des uns et aux succès des autres, j'ai encouragé ceux dont la volonté semblait faiblir, j'ai regretté que quelque-uns n'aient pas pu comprendre tout ce qu'il y a de bon dans vos études.; j'ai vu, avec tristesse, quelques-uns d'entre vous se laisser aller à l'indifférence jusqu'à ne jamais paraître un seul jour dans vos réunions.

L'indifférence, à votre âge, est un ennemi dangereux. Il faut secouer cet engourdissement précoce qui ne peut être que funeste, et se dire que dans cette vie le succès appartient aux plus constants et aux plus vaillants.

Je me suis demandé quel serait le meilleur moyen de convaincre ceux qui ne croient pas aux vertus de la conférence et je me suis dit que je ne pouvais mieux faire que de vous présenter un tableau de ce que elle a été jusqu'à ce jour.

Tout d'abord, comment et par qui la conférence a-t-elle été fondée ?

Il y a, sur son origine, un voile que j'ai eu de la peine à soulever.

J'ai interrogé nos anciens pour savoir ce qui se passait autrefois, mais jusqu'en 1850 je n'ai rien constaté de précis.

Quelques avocats se réunissaient, de loin en loin, chez l'un d'eux, pour se livrer à des études et à des exercices de parole ; c'était un bien petit noyau. Aucune direction supérieure n'était donnée, les hommes de bonne volonté seuls se recherchaient et se trouvaient, allant ainsi, presque à l'aventure, vivant le jour le jour, sans aucun esprit de suite et poussés seulement par le désir de s'instruire et de se former. Rien n'a été conservé de ce qui se faisait alors, et il faut remonter au mois de juin 1851 pour trouver dans nos archives une trace certaine de travaux intéressants et réguliers.

Le 1er juin 1851 est une date mémorable. Ce jour-là commence réellement l'histoire de la conférence. Animés du seul amour de la profession, des avocats eurent l'idée de créer une réunion semblable à celle qui existait, à Paris, dans le but de discuter les questions les plus importantes et les plus usuelles du droit.

Qui eut le premier cette pensée ? D'après les souvenirs de quelques confrères, c'est à Me Aicard et à Me Segond qu'il faut rapporter cet honneur et les détails que j'ai pu recueillir depuis, n'ont fait que me confirmer dans la vérité de cette opinion.

Le projet soumis à quelques amis fit rapidement des prosélytes et, dès le premier jour, ils se trouvèrent vingt-six pour arrêter les règles d'une association qui devait devenir une grande institution et produire des résultats inespérés.

Pour rendre hommage à ces vaillants confrères, qui ont presque tous disparu, je ne puis m'empêcher de citer leurs noms, c'était par ordre d'inscription :

Jules Guibert. — Thumin. — Abeille.— Réné.— Blanc Alphonse. — Guès. — Liotard. — Clusel. — Aicard. — Surian. — Digne. — Moulard. — Germondy. — Bourillon. — Darbon. — De Greling. — Morot. — Segond. — Gillet Roussin. — Fraissinet. — Balthazar Rouvière. — Michel. — Feautrier. — Gonnet et Pélissier.

Ils instituèrent un bureau composé d'un président, de quatre juges et d'un secrétaire-trésorier, et ce bureau devait se renouveler chaque mois à l'élection, pour donner ainsi à chacun la responsabilité de la direction.

Ils décidèrent qu'un discours serait prononcé, chaque année, à la rentrée de la Conférence, par un orateur désigné par ses pairs.

De plus, pour soutenir l'œuvre, on soumit chaque membre au payement d'une cotisation d'un franc par mois, et on frappa d'une amende chaque absence non justifiée ; enfin, on arrêta, qu'une fois par an, un banquet réunirait tous les membres, pour clôturer joyeusement et fraternellement les travaux de l'année.

On dit que cette séance ne donna jamais lieu à aucune amende, c'était la fête de l'esprit et de la gaîté, où la jeunesse venait cimenter, par un pacte définitif, les amitiés commencées à la barre et inspirées, au milieu des luttes, par l'estime et par la sympathie.

Le premier bureau élu se composa de :

Jules Guibert, *Président*
Thumin, Abeille, Réné et Blanc, *Juges*
Guès, *Secrétaire-Trésorier*

Le deuxième mois, les élections amenèrent à la tête de la conférence :

Mᵉ Aicard comme *Président*
Darbon, Morot, Segond et Gillet Roussin, *Juges*
Fraissinet, *Secrétaire-Trésorier*

La part d'influence que, Mᵉ Aicard d'abord, et Mᶜ Segond ensuite, avaient su conquérir, s'affirma de suite ; et, à partir de ce moment, ils sont appelés souvent à la présidence. C'est ainsi que, s'inspirant d'un grand devoir, ces jeunes maîtres donnèrent, à ces travaux, une impulsion telle que l'œuvre resta debout, résistant à toutes les difficultés du temps.

Ce n'étaient pas seulement les avocats stagiaires qui se faisaient admettre comme membres ; il y avait de nombreux avocats, inscrits sur le tableau, qui étaient désireux d'en faire partie, et les aînés donnèrent un exemple qui contribua puissamment au succès de l'entreprise.

Souvent, on lisait des travaux qui intéressaient la profession ; les avocats aimaient alors à étudier les grandes questions du jour ; ils s'habituaient à écrire et c'est ainsi qu'on comprend la valeur de ces mémoires versés plus tard, à l'audience, par des confrères qui sont presque tous devenus des jurisconsultes distingués et des orateurs éminents.

Il m'a été impossible de retrouver, d'une façon exacte, tous les discours qui furent prononcés, aux diverses séances solennelles de rentrée, par les avocats désignés par les suffrages de leurs confrères, parce qu'on ne songeait pas alors à les faire imprimer. Mais je puis vous certifier que Mᵉ Morot, depuis avoué, lut un travail plein d'intérêt et d'aperçus ingénieux sur la propriété littéraire, que Mᵉ Suchet, ancien bâtonnier, lut une étude des plus remarquables sur Frédéric Bastiat, et que Mᵉ Fautrier, depuis avoué, Mᵉ Blanchard, ancien bâtonnier, et Mᵉ Alexandre Bergasse, eurent l'honneur d'être les orateurs élus et traitèrent des sujets qui auraient mérité, par leur valeur, d'être conservés dans nos archives.

La Conférence jouissait d'une liberté absolue ; elle n'était soumise à aucune autorité extérieure. Elle marchait fièrement, sous l'œil des anciens, comme un second ordre à côté de l'autre. Sa gloire et son importance devinrent tels que le Conseil de l'Ordre voulut en prendre la direction, et, au mois de février 1855, le bâtonnier d'alors, Me Meynier, vint, pour la première fois, présider cette réunion, sans modifier aucun des statuts et sans porter aucune atteinte aux priviléges que la libre volonté de chacun avait adoptés.

A partir de ce moment jusques en juillet 1861, les bâtonniers tiennent tous à présider la Conférence et c'est ainsi que les jeunes avocats ont l'honneur d'être dirigés par Me Meynier, Me Dosithée Teissère, Me Lepeytre et Me Maurandi.

Le 19 janvier 1861, sous le bâtonnat de Me Maurandi, la Conférence était arrivée à son apogée. Elle vota un nouveau réglement qui, sans modifier la constitution existant, créait pourtant des divisions et des conditions nouvelles intéressantes à connaître.

La Conférence se composera, désormais, de membres actifs anciens et honoraires.

Ne pourront être membres honoraires, que le bâtonnier actuel de l'Ordre, les anciens bâtonniers et les membres de la Conférence, ayant figuré au Conseil de l'Ordre. Ceux qui, ont fait partie de la Conférence pendant cinq ans, pourront obtenir le titre d'anciens et cesseront d'être passibles des amendes édictées en cas d'absence.

Le bâtonnier en exercice est, de plein droit, président. Un membre élu sera vice-président.

Chaque membre devait, à la première séance de chaque mois, proposer des questions qui seraient soumises à l'examen de la commission, chargée de décider si on les admettrait à la plaidoirie, ou si on les refuserait.

En cas d'absence non motivée, les amendes seront de cinquante centimes pour les membres ordinaires, de un franc pour les membres du Bureau et le secrétaire-rapporteur, de deux francs pour les avocats et le rapporteur chargés de plaider. C'est le Bureau qui devra appliquer l'amende. A cet effet, un appel était fait à chaque séance. Enfin, la cotisation fut maintenue à un franc par mois, pour tous les membres actifs.

Cette constitution ne devait pas vivre longtemps. Malgré la sévérité de certains articles, le succès allait toujours croissant et au moment où, en 1861, Me Berthou fut élu bâtonnier, la Conférence comptait près de cinquante membres.

Il était réservé à ce maître aimé, au cœur bon, à l'intelligence élevée, à l'esprit relevé par une connaissance approfondie du droit, d'inaugurer une nouvelle ère qui était la consécration du passé et l'organisation définitive de l'avenir.

Le 8 janvier 1862, eut lieu la première rentrée solennelle. Le Conseil de l'Ordre, présidé par Me Berthou, son bâtonnier, y était en entier, et, devant une salle comble, Me Berthou consacra l'Ordre nouveau par un magnifique discours que nous regrettons de ne pouvoir reproduire en entier.

Il fit l'historique de la Conférence et il rendit un hommage mérité à l'heureuse inspiration de ses deux fondateurs : Me Aicard et Me Segond. « Ce « dernier, dit Berthou, si prématurément enlevé à « l'affection de ses confrères et au brillant avenir « qui lui était réservé. » Qu'il me soit permis d'ajouter, que les regrets de Berthou furent partagés par l'assemblée entière, et, aujourd'hui, nous saluons, avec respect, ces deux morts illustres, en reportant notre attachement sur les fils qui sont les dignes héritiers de leur talent.

Il fallait, à la Conférence, un début digne d'elle. Le premier avocat qui mérita l'honneur d'être élu, par ses pairs, pour porter la parole, choisit pour sujet (l'influence des anciennes lois marseillaises et la législation commerciale). Son succès fut tel, que le Conseil de discipline vota à l'unanimité l'impression du discours aux frais de l'ordre.

Ce confrère, qui avait ouvert si glorieusement la voie, préludait à des travaux littéraires, historiques et juridiques, qui devaient lui valoir tous les honneurs que l'Ordre accorde aux plus méritants, c'était Me Legré, un de nos anciens bâtonniers.

Après lui, d'autres stagiaires voulurent se faire entendre et parvinrent à captiver l'attention et l'intérêt de tous. Ce furent, Maglione, qui lut une étude sur la vie et les œuvres de Jean Bodin, jurisconsulte du xvie siècle et Barthélemy, notre ancien bâtonnier, qui prononça l'éloge de Henri Segond.

La journée fut complète, comme une grande fête d'académie, et elle devait laisser des souvenirs que le temps n'a pu affaiblir et qui ne s'effaceront jamais de notre mémoire.

Pour mettre ces travaux en harmonie avec les idées nouvelles, Mᵉ Berthou soumit au Conseil de l'Ordre un réglement qui peut se résumer ainsi :

Les cotisations, les amendes et les distinctions anciennes sont abolies.

L'assiduité à la Conférence est une des conditions du stage.

Le bâtonnier, en exercice, est président de droit, en son absence c'est un membre du Conseil de l'Ordre qui le remplacera.

Les avocats inscrits au tableau pourront continuer à en faire partie.

Quatre avocats, dont deux stagiaires, au moins, seront chargés de préparer les questions qui devront être discutées. Si le bâtonnier les admet, elles seront affichées quinze jours à l'avance sur un tableau placé dans la bibliothèque de l'Ordre, avec indication du jour de la plaidoirie, et désignation des deux avocats qui devront plaider.

Chaque mois, une séance sera consacrée à l'étude des règles de la profession d'avocat.

A la séance fixée, l'avocat, choisi, lira son étude sur la question dont il aura été chargé et il déposera son manuscrit en mains du bâtonnier qui devra le placer dans les archives de la Conférence.

En ce qui concerne les lauréats, trois membres seront élus et le Conseil en choisira un qui devra prononcer un discours sur un sujet indiqué par le Conseil de l'Ordre, à la séance de rentrée, qui aura lieu en novembre de chaque année.

. Sur le rapport du bâtonnier deux prix seront décernés aux avocats qui se seront le plus distingués, et l'un de ces deux prix sera exclusivement réservé aux avocats stagiaires.

. Le Conseil de l'Ordre pourra, aussi, ordonner l'impression du discours de rentrée qui lui paraîtra mériter cet honneur.

Ce règlement fut adopté, en Conseil de l'Ordre, le 10 décembre 1861, et pour donner une sanction éclatante à ce nouvel ordre des choses, le Conseil décida, que désormais il assisterait tout entier en robe à la séance de rentrée.

La Conférence avait reçu sa consécration officielle et définitive, elle était devenue ainsi un véritable parlement. Ce règlement a été appliqué pendant trente ans, il a été remplacé le 10 avril 1891, sous le bâtonnat de Me Estrangin, par celui qui nous régit aujourd'hui, sans aucune autre modification que celles que les habitudes et les idées nouvelles pouvaient inspirer.

Pendant tout ce temps, l'émulation la plus grande n'avait cessé de régner, des travaux intéressants, que je voudrais tous vous citer, furent lus par des confrères animés de l'amour de l'étude et de la science, mais le temps me presse et je ne puis que rappeler ceux qui marquèrent les séances de rentrée.

— Le 3 décembre 1862, sous la présidence de Mᵉ Berthou, Mᵉ Milanta lut une étude sur Guillaume Duvair, ancien magistrat au Parlement.

—· Le 9 décembre 1863, présidence de Mᵉ Hornbostel, bâtonnier; orateur, Mᵉ Edouard de Pommeraye.

Réformes apportées au Code pénal par la loi du 13 mai 1863.

— le 7 décembre 1864, présidence de Mᵉ Hornbostel, bâtonnier; orateur, Mᶜ Jules Maurel.

Du droit d'expropriation pour cause d'utilité publique.

— Le 20 décembre 1865, présidence de Mᵉ Aicard, bâtonnier ; orateur, Mᶜ Lepeytre.

Etude sur les lois commerciales promulguées récemment et leur esprit.

— Le 14 novembre 1866, présidence de Mᵉ Aicard, bâtonnier ; orateur, Mᶜ Léon Estrangin.

De l'hypothèque maritime.

— Le 11 décembre 1867, présidence de Mᶜ Jules Roux, bâtonnier ; orateur, Mᵒ Jouve.

Le droit de tester.

— Le 9 décembre 1868, présidence de Mᵘ Alexandre Clapier ; bâtonnier, orateur, Mᶜ Lucien Drogoul.

Etude sur le droit commercial international.

— Le 17 novembre 1869, présidence de Mᵉ Clapier, bâtonnier ; orateur, Mᵉ Sivan.

Etude sur les conseils de préfectures dans leurs attributions contentieuses.

— Le 7 juin 1871, présidence de M⁰ Ailhaud, bâtonnier; orateur, M⁰ Jules Cauvière.

Berryer, sa vie judiciaire.

— Le 29 novembre 1871, présidence de M⁰ Aimé Ailhaud, bâtonnier; orateur, M⁰ Alfred Escarras.

Etude sur le Parlement de Provence.

— Le 27 novembre 1872. présidence de M⁰ Sauvaire Jourdan, bâtonnier ; orateur, M⁰ Aimé Couve.

Les aliénés et la loi de 1838.

— Le 8 décembre 1873, présidence de M⁰ Sauvaire Jourdan, bâtonnier ; orateur, M⁰ Maurice Chaix.

Les droits successoraux de l'époux survivant.

— Le 27 novembre 1874, présidence de M⁰ Suchet, bâtonnier ; orateur, M⁰ Berthon.

Biographie d'Emérigon.

— Le 27 novembre 1875, présidence de M⁰ Suchet, bâtonnier ; orateur, M⁰ Mengarduque.

De la réforme du régime pénitentiaire.

— Le 16 décembre 1876, présidence de M⁰ Blanchard, bâtonnier ; orateur, M⁰ Albert Aicard.

De la condition civile des étrangers en France et dans quelques autres Etats.

— Le 20 décembre 1877, présidence de M⁰ Blanchard, bâtonnier ; orateur M⁰ Paul Béraud.

Législation sur les faillites.

— Le 16 décembre 1878, présidence de M⁰ Aicard. bâtonnier ; orateur, M⁰ Autran.

Etude sur Frédéric Bastiat.

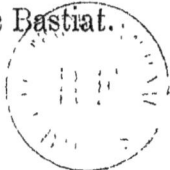

— Le 13 décembre 1879, présidence de Mᵉ Faure bâtonnier ; orateur, Mᶜ Jeansoulin.

Le pouvoir judiciaire aux Etats-Unis.

— Le 18 décembre 1880, présidence de Mᵉ Barthélemy, bâtonnier ; orateur, Mᵉ Chanot.

Etude sur Maupeou et Beaumarchais.

— Le 7 janvier 1882, présidence de Mᵉ Barthélemy, bâtonnier ; orateur, Mᵉ Pijotat.

Procès du surintendant Fouquet.

— Le 13 janvier 1883, présidence de Mᵉ Paul Senès, bâtonnier ; orateur, Mᵉ Thierry.

Etude sur les origines de la juridiction consulaire à Marseille.

— Le 26 janvier 1884, présidence de Mᵉ Paul Senès, bâtonnier ; orateur, Mᵉ Segond.

Histoire des lois et règlements professionnels.

— Le 24 janvier 1885, présidence de Mᵉ Onfroy, ancien bâtonnier en remplacement de Mᵉ Ronchetti, bâtonnier empêché ; orateur Mᵉ Paul Bergasse.

Etude sur les associations ouvrières professionnelles.

— Le 19 décembre 1885. Présidence de Mᶜ Legré, bâtonnier ; orateur, Mᵉ Vial.

L'ancien barreau et les institutions municipales de Marseille.

— Le 19 décembre 1886. Présidence de Mᵉ Legré, bâtonnier ; orateur, Mᵉ Roux-Freissinenq.

L'hypnotisme dans ses rapports avec le droit.

— Le 29 décembre 1887. Présidence de M⁰ Barne, bâtonnier ; orateur, M⁰ Léon Lenoir.

Le Code civil et les victimes du travail.

— Le 14 décembre 1888. Présidence de M⁰ de Jessé, bâtonnier; orateur, M⁰ Artaud.

Le Barreau français au XIX⁰ siècle,

— Le 30 janvier 1890. Présidence de M⁰ de Jessé, bâtonnier : orateur, M⁰ Barnier.

Les lois sur la presse,

— Le 18 décembre 1890. Présidence de M⁰ Léon Estrangin, bâtonnier; orateur M⁰ Henri Desplace.

La législation du travail en France et la conférence de Berlin.

— Le 10 décembre 1891. Présidence de M⁰ Léon Estrangin, bâtonnier ; orateur, M⁰ Rolland, Paul.

Des frais de justice en matière civile.

— Le 8 décembre 1892. Présidence de M⁰ Ambard, bâtonnier ; orateur, M⁰ Garnier.

Les erreurs judiciaires.

— Le 9 décembre 1893. Présidence de M⁰ Ambard, bâtonnier ; orateur, M⁰ Rolland-Chevillon.

Etude sur l'enfance, sa protection et ses droits.

Mon cher Confrère,

C'est par vous que se termine, aujourd'hui, cette brillante liste d'orateurs qui ont été jugés dignes d'inaugurer la séance de rentrée de la Conférence. Ai-je eu tort, en vous faisant ce récit, de croire à l'efficacité de ces exercices, de croire que ces discours étaient le prélude de succès qui devaient consacrer les efforts courageux des confrères qui ont eu foi en la vertu du travail ? Laissez-moi, si je me trompe, mes illusions et mes croyances.

Parmi ces confrères. les uns sont devenus bâtonniers, quelques-uns nous ont quitté, attirés par les devoirs austères de la magistrature, ou séduits par les honneurs administratifs, pour marcher vers les plus hautes distinctions. Certains, il est vrai, cédant à un esprit d'indépendance, ont délaissé le droit, pour courir après d'autres satisfactions, rêveries de l'art, ou amour de la science.

Il en est, Escarras, Jeansoulin, Berthon, que la mort a ravis de bonne heure, alors que de brillantes destinées s'ouvraient devant eux, donnons-leur, en passant, une pensée de pieux regret. Quant à ceux qui nous sont restés fidèles, ils ont grandi. en talent, en réputation; qu'ils en croient mes espérances, l'avenir leur réserve d'être un jour bâtonniers, c'est l'honneur que leur souhaite mon affectueuse estime.

Après avoir montré par quels moyens l'avocat peut parvenir à acquérir une position élevée, je voudrais vous dire comment il peut et doit la conserver.

C'est là un sujet intéressant qui donnerait matière à de longs développements. Pour ne pas abuser de votre bienveillante attention, je vous soumettrai seulement cette simple question.

La clientèle forme-t-elle un droit sur lequel les avocats puissent compter ?

Il ne suffit pas à l'avocat de pratiquer les vertus, dont j'ai parlé, pour mériter l'estime. Il faut qu'il s'assure le respect de lui-même en respectant les droits acquis par ses confrères.

La question a pu paraître délicate à quelques esprits, puisqu'ils ont pensé qu'on pouvait accepter les affaires de clients qui se présentaient, sans avoir à se préoccuper, s'ils avaient confié auparavant leurs intérêts à d'autres confrères.

Les règles à suivre peuvent paraître parfois difficiles.

Il semble, tout d'abord, que, lorsqu'un client se présente pour la première fois, librement, sans avoir indiqué ou fait connaître des liens qui pouvaient l'avoir attaché à un autre cabinet, on n'a qu'à l'accêpter, sans se préoccuper de rien. Ce n'est pas mon avis ; en pareil cas, la prudence conseille de s'enqué-

rir si ce client n'avait pas déjà un conseil et de lui
déclarer, s'il en avait un, qu'on ne se chargera de
l'affaire, qu'après avoir avisé le confrère.

Si une fantaisie seule ou une méprise ont poussé le
client au changement, il sera ramené par un bon
sentiment, par un utile conseil, vers celui qu'aucun
motif sérieux l'a poussé à quitter.

Et ce sera une bonne action, dont les avocats au-
ront le droit d'être satisfaits. Je pourrais vous citer
des exemples pareils, qui n'ont servi qu'à resserrer les
liens d'estime et d'amitié des confrères. Agir diffé-
remment, c'est s'exposer à des regrets de conscience.

Si nous nous plaçons à un point de vue plus élevé,
nous sommes amenés, en étudiant la nature humaine,
à reconnaître que le droit sur la clientèle est un droit
respectable et sérieux.

C'est le propre de l'homme, de croire que ce qu'il a
préparé et acquis par son labeur, devient sa propriété.

L'homme a des instincts qui le portent à s'appro-
prier ce qui lui coûte de la peine, ce qu'il a créé, ce
que son intelligence, son talent ou son génie lui ont
inspiré ; il aime à construire un édifice où il pourra
se réfugier, à l'abri des besoins et des tourmentes de
la vie. Pour acquérir, il ne recule devant aucun
effort, et il fait sien tout ce qui le touche, plaisirs,
joies, douleurs et peines.

A-t-on jamais blâmé le peintre, le sculpteur, le
philosophe, l'orateur, d'avoir eu confiance en leur
génie, d'avoir cru qu'ils étaient les maîtres des

œuvres que leur imagination, leur talent ont fait éclore au milieu du monde ? Non, cette croyance n'a jamais été une illusion ; elle a été un des leviers qui ont fait la grandeur des peuples civilisés.

Le négociant est justement jaloux, d'avoir pu grouper autour de son nom une famille de clients qui se sont attachés à lui, pour rendre hommage à ses qualités et à ses sentiments d'honnêteté.

Pourquoi l'avocat, dont le rôle social est si grand, n'aurait-il pas la même croyance et le même droit ?

A plus forte raison, vous dirai-je, avec le vrai sentiment de la justice, nul ne doit, par lui-même ou par des amis, solliciter la clientèle d'un confrère, pour la faire venir à lui ; le principe est tellement vrai que je ne songe même pas à le prouver.

Nos traditions ont consacré jusqu'à ce jour, ces habitudes de respect réciproque, ne les oublions jamais.

Quand poussé par une pensée d'intérêt exclusivement personnel, l'avocat viendrait à méconnaître ces grands principes de désintéressement, de noblesse et de grandeur pour attirer à lui la clientèle d'un autre, il violerait les principes du droit, de la conscience et de l'honneur.

Les temps que nous traversons sont bien difficiles et pour vous, jeunes confrères, ils sont pleins de périls. Je ne voudrais pas assombrir le tableau, pour vous faire douter de l'avenir, Je ne puis que vous dire : (sursum corda), élevez vos cœurs au-dessus

des préoccupations mesquines qui se présentent parfois dans la vie, gardez toujours la dignité et l'esprit d'indépendance qui élèvent l'homme au-dessus
de ses semblables. Ce n'est pas en allant solliciter, en
allant chaque matin, voir le client et lui demander
des affaires, en écrivant à des malheureux qu'un
accident a atteints et frappés dans leur travail, à des
individus que le vice a poussés au crime, qu'on peut
arriver à se créer une véritable clientèle ; des pra-
tiques pareilles, outre qu'elles tombent sous le coup
de nos lois disciplinaires, ne pourraient que diminuer
le prestige de cette mission que chaque avocat a à
remplir, et ne donneraient qu'un succés illusoire et
éphémère.

La vie a, il est vrai, ses rigueurs et ses besoins,
chaque jour nous en apporte une preuve ; mais, à
l'avocat, il appartient de suivre des règles qui lui
sont particulières. Sa loi est l'élévation de la pensée,
de l'âme et du cœur, et cette loi fidèlement observée
conduit seule à la fortune et à la renommée.

Je ne veux pas finir, sans donner une pensée à ces
confrères que la mort a enlevés dans le courant de
l'année qui vient de s'écouler. Le premier est Me Paul
Sénés.

Par une froide journée de janvier, nous condui-
sions, bien peu nombreux, le cercueil de notre
ancien bâtonnier, à sa dernière demeure ; nous
étions tous attristés par cette brusque surprise, qui
était venue frapper ce vaillant confrère, au milieu

de ses travaux, dans l'épanouissement de ses succès, bien avant l'heure que sa robuste santé lui faisait croire éloignée.

Sénès a eu le bonheur d'être possédé, de cette noble passion du travail, qui l'avait conduit au premier rang du Barreau.

Dès le début de la carrière, il avait compris que l'étude est le plus sûr moyen d'arriver, et il n'avait pas craint, pour se rendre aussi complet que possible, de se faire professeur, pour enseigner le droit au lycée de Marseille.

Ce fut une épreuve virile, qui lui permit d'apporter dans les discussions, des connaissances juridiques qui en firent un adversaire redouté.

Appelé au Bâtonnat, il s'occupa avec ardeur des intérêts de l'Ordre et quand la dignité de notre profession l'exigeait, il sut montrer une fermeté et une indépendance de caractère, devant lesquelles, on s'était incliné chaque fois.

Il fut pour les avocats stagiaires un conseiller prudent et habile.

Gardons de lui le souvenir d'un bâtonnier qui sut comprendre et remplir ses devoirs.

Le second, fut un inconnu pour la plupart de vous; c'est Foucou, nous l'avions rencontré, nous, sur les bancs de l'Ecole et nous l'avions apprécié, comme un esprit droit, un cœur excellent et un ami dévoué. Sa santé délicate ne lui permit pas d'aborder la barre et de braver les fatigues de la profession, et il se voua à des études philosophiques et sociales qui lui donnèrent des satisfactions dont son ambiti0n sut se contenter.

Il tint à honneur de conserver son titre d'avocat pour avoir le privilège de venir se mêler à nous et apporter son vote aux jours d'élection. Ce fut, un des actes les plus importants de sa vie professionnelle. La mort l'a surpris, le 14 juillet 1893, au lendemain du jour, où il était venu exercer son droit d'électeur.

S'il ne brilla pas, parmi nous, par son éloquence, il put se faire une grande place dans la famillle, par les qualités du cœur. Il avait donné le bonheur à une noble compagne, à laquelle il n'a causé d'autre chagrin que celui de partir et disparaître trop tôt. Il a emporté les regrets les plus affectueux de tous ceux qui l'avaient approché et connu.

Le troisième, c'est Me Barne, notre ancien bâtonnier.

La grande ville l'avait attiré à elle ; doué de qualités sérieuses, il avait pris, de suite, un rang important, dans notre barreau. La politique le séduisit et son ambition fut satisfaite par la confiance des électeurs. Il devint conseiller général, président du Conseil général et puis sénateur des Bouches-du-Rhône. Dans sa grande position, il sut prouver au barreau de Marseille qu'il tenait à la conservation de ses prérogatives et de ses privilèges, et le barreau le récompensa en le nommant bâtonnier.

Depuis, il s'éloigna des affaires, qu'il aurait pu, s'il n'avait tenu à son titre d'avocat, abandonner complétement, pour s'occuper des devoirs que son titre de sénateur lui imposait. La maladie est venue, avant l'heure, le frapper encore jeune, et il est allé finir ses jours, le 29 septembre 1893, dans sa ville natale, en ce poétique pays d'Arles ou ses concitoyens lui ont prouvé, qu'ils n'avaient pas oublié les services qu'il leur avait rendus.

Et maintenant, mes chers confrères, revenons à nos travaux. Sachons nous montrer dignes de nos devanciers.

L'homme doit suivre sa route, en s'inspirant des nobles idées de justice, qui seules, peuvent l'élever au-dessus du vulgaire. Les défaillances peuvent arriver parfois, il faut les rendre passagères et les éviter, en se consacrant à ce qui grandit le cœur. Si nous avons fait quelque bien, nous trouverons une satisfaction qui nous fera oublier les mécomptes de la vie, heureux si, au soir de la journée, nous pouvons entendre l'écho de notre conscience, nous dire, que nous avons rempli notre devoir et tout notre devoir.

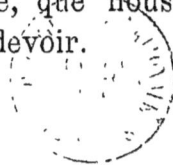

www.ingramcontent.com/pod-product-compliance
Lightning Source LLC
Chambersburg PA
CBHW070754210326
41520CB00016B/4694